Bibliografische Information der Deutschen Nationalbibliothek:

Die Deutsche Bibliothek verzeichnet diese Publikation in der Deutschen National-
bibliografie; detaillierte bibliografische Daten sind im Internet über http://dnb.d-
nb.de/ abrufbar.

Impressum:

Copyright © 2016 GRIN Verlag, Open Publishing GmbH
Druck und Bindung: Books on Demand GmbH, Norderstedt Germany
ISBN: 9783668490420

Dieses Buch bei GRIN:

http://www.grin.com/de/e-book/368617/das-internet-der-dinge-und-die-radio-fre-
quency-identification

Gero von Drateln

Das Internet der Dinge und die Radio Frequency Identification

Evolution und Potential des Internets

GRIN Verlag

GRIN - Your knowledge has value

Der GRIN Verlag publiziert seit 1998 wissenschaftliche Arbeiten von Studenten, Hochschullehrern und anderen Akademikern als eBook und gedrucktes Buch. Die Verlagswebsite www.grin.com ist die ideale Plattform zur Veröffentlichung von Hausarbeiten, Abschlussarbeiten, wissenschaftlichen Aufsätzen, Dissertationen und Fachbüchern.

Besuchen Sie uns im Internet:

http://www.grin.com/

http://www.facebook.com/grincom

http://www.twitter.com/grin_com

Potenzialanalyse von Ubiquitous Computing Anwendungen und Darstellung eines Anwendungsszenarios von RFID im Zusammenhang des Internet der Dinge

1. Seminararbeit

an der Fakultät für Wirtschaft
im Studiengang Wirtschaftsinformatik

an der
DHBW Ravensburg

Verfasser: Gero von Drateln

23.12.2016

Inhaltsverzeichnis

Abbildungsverzeichnis

Abkürzungsverzeichnis

ARPANET	Advanced Research Projects Agency Network
DoD	Department of Defense
IoT	Internet of Things
NFSNET	National Science Foundation Network
RFID	Radio Frequency Identifaction
TAM	Technologie-Akzeptanzmodell
TAM UC	Technologie-Akzeptanzmodell Ubiquitous Computing
TCP/IP	Transmission Control Protocol / Internet Protocol
WWW	World Wide Web

1 Einleitung

Aktuell erleben wir wohl eine der spannendsten Revolutionen, die es bisher in Technologie- und Wirtschaftsgeschichte gab. Die Welt wird sich vermutlich in den kommenden zehn Jahren so stark wie nie zuvor verändern. Hervorzuheben ist hierbei jedoch nicht nur das Ausmaß der Veränderungen sondern zugleich auch die Geschwindigkeit, die diese Veränderungen so einmalig machen. Mit einem Blick in die Vergangenheit lässt sich erkennen, dass die industrielle Revolution über einhundert Jahre andauerte, das sind fünf Generationen. Die digitale Revolution, in der wir uns aktuell befinden, wird zehn, maximal zwanzig Jahre dauern. Das ist im Vergleich gerade mal eine Generation.

„Ihre Bedeutung für jeden Einzelnen von uns, für die Gesellschaft, unser Wertesystem, die Politik, wird dabei in nichts hinter dem zurückstehen, was vormals die industrielle Revolution mit sich brachte" (vergleiche dazu Bitkom (2015, S. 7)).

Diese Seminararbeit legt jedoch seinen speziellen Fokus auf das Internet der Dinge und die Technologie Radio Frequency Identification (RFID). Aus Umfangsgründen kann daher auf Industrie 4.0 und Big Data in dieser Arbeit nicht eingegangen werden. In den Kapiteln zwei und drei werden die Grundlagen zu dem Internet der Dinge und der RFID Technologie erarbeitet. Im vierten Kapitel wird ein Szenario anhand eines intelligenten Kühlschranks dargestellt, in dem gezeigt wird wie RFID und ein smartes Produkt kombiniert werden können. Im weiteren Verlauf des Kapitels wird das Technologie-Akzeptanzmodell vorgestellt und eine Auswertung mehrerer Studien zu der Akzeptanz von Ubiquitous Computing Anwendungen vorgenommen. Abgeschlossen wird diese Arbeit mit einem Fazit.

2 Internet der Dinge

2.1 Die Evolution des Internets

Das Internet hat seinen Ursprung in den USA, da die Inbetriebnahme des Advanced Research Projects Agency Network (ARPANET) Ende der 60er Jahre allgemein als die Entstehung des Internets angesehen wird. Der Hauptzweck des ARPANET bestand darin, Großrechner, die physikalisch voneinander getrennt waren zu vernetzen. Somit wurde das Transmission Control Protocol / Internet Protocol (TCP/IP) entwickelt, das auf das US Verteidigungsministerium (Departement of Defense, DoD) zurückgeht und daher auch DoD-Protokolle genannt wurde (vgl. dazu Küveler & Schwoch (2007, S. 189)).

Das ARPANET war der Ausgangspunkt des Internets. Anfang der 80er Jahre wurde das Internet ausschließlich zu militärischen Zwecken oder in der akademischen Forschung verwendet (siehe Abbildung 1). Dies veränderte sich jedoch schlagartig im Jahre 1989 mit der Entstehung des World Wide Web (WWW). Mit der Entstehung des WWW wurde das Internet auch erstmals im privaten sowie im kommerziellen Bereich genutzt. Das Internet hat sich zu einer unverzichtbaren Infrastruktur entwickelt, die heutzutage nicht mehr wegzudenken ist.

Entwicklung des Internet

USA:

1972:   Aufbau des ARPANET (*Advanced Research Project Agency*)
      Zugang für Wissenschaftler zu Großrechnern; Entwicklung von Hardware-unabhängiger Kommunikationssoftware;
      Entstehung der TCP/IP-Protokolle („DoD-Protokolle");

1978:   TCP/IP wird staatlich als Kommunikationssoftware vorgeschrieben;

Anfang der 80er: zivile Nutzung des ARPANET für Forschung, Lehre und Entwicklung; TCP/IP wird Bestandteil von Unix; Entstehung des Begriffs „Internet";

1985:   Aufbau des NFSNET (*National Science Foundation*), das als Backbone die Rechenzentren aller US-Unis verbindet;

Anfang der 90er: das Internet wird zunehmend kommerziell genutzt;

Abbildung 1: Entstehung des Internets (Küveler & Schwoch (2007, S. 189))

2.2 Ubiquitous computing

Gegenwärtig werden hauptsächlich Computer über das Internet miteinander verbunden. Man kann jedoch beobachten, dass aufgrund fortschreitender Miniaturisierung immer mehr Alltagsgegenstände mit elektronischen Komponenten versehen werden. Verbindet man diese Komponenten nun noch zusätzlich mit dem Internet, um z.B. Prozesse zu steuern oder

Messdaten zu übertragen, spricht man vom „Internet der Dinge" (vgl. dazu Braun (2010, S. 103)). Dieser Grundgedanke ist jedoch nicht neu und geht auf Mark Weiser zurück, welcher Anfang der 90er erstmalig den Begriff *Ubiquitous computing* verwendete und folgende Idee mit diesem Begriff verbindet:

„In the 21st century the technology revolution will move into the everyday, the small and the invisible."

Weiser propagierte in seinem Artikel einen allgegenwärtigen Computer, der nahezu unsichtbar ist und die Menschen von seinen lästigen Routineaufgaben befreit sowie diesen bei seinen Arbeiten und Tätigkeiten unterstützt. Die Technik ist jedoch nur Mittel zum Zweck, die in den Hintergrund treten muss, um die Sache an sich zu ermöglichen. Der PC als Universalwerkzeug, wie wir ihn heute kennen, wäre seiner Meinung nach der falsche Ansatz um dies zu bewerkstelligen, da dieser aufgrund seiner Komplexität und Vielfältigkeit zu viel Aufmerksamkeit des Anwenders in Anspruch nehmen würde. Er geht sogar so weit, dass seiner Ansicht nach der Computer komplett verschwinden müsse, seine informationsverarbeitenden Funktionalitäten im Sine des Ubiquitous computing jedoch durchgängig verfügbar sein müssen (vgl. dazu Mattern (2003, S. 1 & 3)).

Der Begriff „Internet der Dinge" (engl. Internet of Things, IoT) geht auf Kevin Ashton zurück, der diesen Begriff erstmalig im Jahre 1999 verwendete. Hierbei sollen „Dinge", also Alltagsgegenstände über das Internet miteinander verbunden werden. Voraussetzungen, die dafür notwendig sind, um dies zu ermöglichen, werden im nachfolgenden Kapitel erläutert.

2.3 Grundlagen und Voraussetzungen

Häufig wird im Zusammenhang der IoT der Begriff „smart" verwendet. Jedoch stellt sich nun die Frage, was ein Gegenstand für eine Technologie und Eigenschaften besitzen muss, damit er als „smart" gilt. Diese Frage lässt sich jedoch nicht so einfach beantworten, da aus technischer Sicht es sich nicht nur um eine einzelne Technologie oder eine Anzahl von spezifischen Funktionalitäten handelt. Nach Fleisch & Thiesse (2014, o.S.) handelt es sich vielmehr um „ein Funktionsbündel, das in seiner Gesamtheit eine neue Qualität der Informationsverarbeitung entstehen lässt".

Zu den wichtigsten charakteristischen Eigenschaften smarter Objekte zählen (vgl. dazu Braun et al. (o.J., S. 15)):

- *Einbettung*: Die vernetzten technischen Systeme oder Objekte müssen in das Lebensumfeld der Menschen integriert werden.

- *Umgebungsintensivität*: Sie sammeln Informationen über die Umwelt (z.B. Lichtverhältnisse, Temperatur, andere Objekte) oder sogar den Situationskontext des Nutzers und reagiert darauf.

- *Personalisierung/Individualisierung*: Sie müssen entsprechend ihrer Anforderungen individuell konfiguriert und ausgelegt werden können.

- *Adaptierbarkeit*: Ändern sich die Anforderungen, müssen sich diese Systeme dementsprechend auch an die neuen Anforderungen anpassen und Informationen über die Vergangenheit speichern können.

- *Vorwegnahme*: Sie können in einem bestimmten Rahmen Anforderungen des Nutzers vorausahnen und unter Umständen selbständig Entscheidungen treffen.

Fleisch & Thiesse (2014, o.S.) ergänzt diese um:

- *Identifikation*: Sie müssen z.B. über eine Seriennummer oder ein äquivalentes Nummerierungsschema eindeutig identifizierbar sein. Diese Identifikation ermöglicht eine Verknüpfung des Objektes mit Informationen oder einem Dienst, die auf einem Server in einem anderen Netz hinterlegt sind.

- *Lokalisierung*: Sie kennen ihren Aufenthaltsort oder können auch durch andere Objekte oder durch den Benutzer lokalisiert werden (z.B. durch das WLAN, GPS oder Ultraschall).

- *Benutzerschnittstelle*: Mit der Integration von Computern in Alltagsgegenständen entstehen neue Herausforderungen an die Benutzeroberfläche der Objekte. Diese können meist nicht mehr durch Tasten und Displays realisiert werden. Es bedarf hierfür neue Benutzungsmetaphern analog der Maus und Fenstermetapher grafischer Benutzeroberflächen (z.B. Menüführung via Touch-Display).

RFID ist einer der wichtigsten Technologien, die im Zusammenhang zu dem Internet der Dinge genannt werden kann. Im nachfolgenden Kapitel wird diese Technologie daher genauer betrachtet.

3 Radio Frequency Identification

3.1 Einordnung der Technologie RFID

In vielen unterschiedlichen Branchen haben sich so genannte automatische Identifikationsverfahren (Auto-ID) durchgesetzt. Ziel und Aufgabe dieser Auto-ID ist es für Güter, Waren, Tiere und Menschen Informationen bereitzustellen. Die wohl mit am bekanntesten und weitverbreiteste Technologie der Identifikationsverfahren ist das Barcode-Etikett. Dieses ist jedoch in den meisten Fällen nicht mehr ausreichend. Einer der größten Schwachstellen des Barcodes ist die Unmöglichkeit der Umprogrammierung, sowie die notwendige optische Sichtverbindung zwischen Scanner und Barcode (vgl. dazu Finkenzeller (2015, S. 1)).

Eine weitaus bessere Möglichkeit bietet hierbei die Technologie RFID. Diese ist wie auch der Barcode und noch weitere andere Technologien (auf welche in dieser Arbeit nicht eingegangen werden kann) der automatischen Identifikationsverfahren zuzuordnen, die die nachfolgende Abbildung 2 zeigt. Bei RFID werden kontaktlos Informationen zwischen dem Datenträger (Tag/Transponder) und dem dazugehörigen Lesegerät (Reader) übertragen (eine detaillierte Beschreibung des RFID Systems erfolgt im Kapitel 3.3). Im Idealfall wird auch die dazu benötigte Energie kontaktlos durch das Lesegerät bereitgestellt. Entsprechend dieser beiden Kriterien werden kontaktlose ID-Systeme auch als RFID-Systeme bezeichnet.

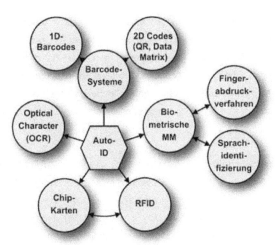

Abbildung 2: Automatische Identifikationsverfahren (Finkenzeller (2015, S. 2))

5

3.2 Aktuelles Marktvolumen und Prognose

Eine Vielzahl von Unternehmen befassen sich aktuell mit der Entwicklung und Vermarktung von RFID-Systemen, was daraus schließen lässt, dass sich die RFID Technologie zu einem milliardenschweren Markt entwickelt hat. Da dies nicht nur ein kurzweiliger Hype ist und dieser Markt auch noch in der Zukunft rasant an Wachstum verspüren wird, zeigt das Unternehmen IDTechEx (o.J., o.S.) mit seinen Marktforschungsergebnissen zu RFID (siehe Abbildung 3). Diese Werte beinhalten Transponder, Lesegeräte, Software, Dienstleistungen und jegliche Formfaktoren sowie Varianten von RFID.

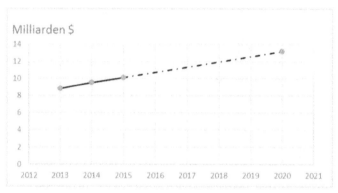

Abbildung 3: Marktforschungsergebnisse RFID Markt – IDTechEx (eigene Abbildung)

Erste Einsatzgebiete der RFID Technologie waren Zutrittskontrollen, Produktion und die Logistik, welche an lokale Anwendungen gekoppelt waren (siehe Abbildung 4: Potenzial von RFID). Im Laufe der Jahre fingen Unternehmen an RFID hinweg ihrer Wertschöpfungskette zu etablieren. Eines der bekanntesten Beispiele war die Gerry Weber International AG, welche im November 2009 bekannt gab, alle Bekleidungstücke ihres Sortiments mit RFID Transponder auszustatten, um diese transparenter und „trackbarer" im Hinblick auf die Supply Chain zu machen.

Die Verwendung und der Einsatz von RFID wird in der Zukunft mit dem Internet der Dinge weiter an Bedeutung gewinnen. Es werden mehr und mehr Produkte mit RFID Transpondern ausgestattet, um eine eigene Identität zu erlangen. Wenn Händler und Hersteller dann noch zusätzlich zu diesen Produkten Informationen und Dienstleistungen über das Internet bereitstellen, wird die Technologie nicht nur noch zur Optimierung der Wertschöpfungskette eingesetzt, sondern generiert dadurch auch einen echten Mehrwert für den Endkunden (vgl. dazu Tamm & Tribowski (2010, S. 3 & 4)).

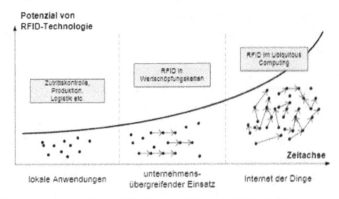

Abbildung 4: Potenzial von RFID (Tamm & Tribowski (2010, S. 4))

3.3 Bestandteile und Funktionsweise

Die Grundbestandteile eines RFID System sind immer folgende (vgl. dazu Abbildung 5):

- Ein kontaktloser Datenträger (Transponder), der an dem jeweilig zu identifizierendem Produkt angebracht wird.
- Ein Erfassungs- und Lesegerät, das unterschiedliche Funktionalitäten besitzen kann (entweder reine Lese-Einheit oder Schreib/Lese-Einheit).

Das RFID-Lesegerät besteht nach Finkenzeller (2015, S. 11) in der Regel aus einem Hochfrequenzmodul (Sender und Empfänger), einer Kontrolleinheit und einem Koppelelement (Antenne), um Daten in Form von Radiowellen zum Transponder zu übertragen. Meist ist dieses Lesergerät noch via USB, LAN etc. mit einem Computer verbunden, um die empfangenden Daten verarbeiten zu können. Der eigentliche Datenträger eines RFID-Systems, der Transponder, beinhaltet typischerweise ein Koppelelement sowie einen elektronischen Mikrochip, auf dem die Daten gespeichert sind.

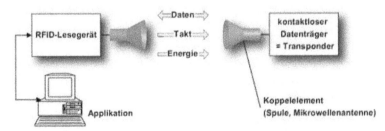

Abbildung 5: Grundbestandteile eines RFID-Systems (Finkenzeller (2015, S. 11))

7

Da es mittlerweile eine Vielzahl an unterschiedlichen Herstellern und RFID Systemen gibt, benötigt es, um den Überblick halten zu können, geeignete Unterscheidungsmerkmale. Die wichtigsten Unterscheidungsmerkmale sind die Energieversorgung, Betriebsart, Datenmenge, Programmierbarkeit, Frequenzbereich, Reichweite und Bauform. In dieser Arbeit wird jedoch nur auf das Hauptunterscheidungsmerkmal nämlich die Energieversorgung bei aktiven und passiven Transpondern eingegangen. Anhand dieser wird die Funktionsweise der RFID Systeme deutlich (vgl. dazu Franke & Dangelmaier (2006, S. 20 & 26 ff.)).

Die **aktiven Transponder** besitzen eine eigene Energieversorgung, die durch eine Batterie gewährleistet wird. Wenn der Transponder sich nicht im Empfangsbereich des Lesegerätes befindet schaltet diese Batterie in den Energiesparmodus (Stand-By) um. Gerät der Transponder jedoch in den Empfangsbereich des Lesegerätes, aktiviert dieser den Sender im Transponder. Dies erfolgt mittels eines speziellen Funksignals (vgl. dazu Weigert (2006, S. 25-26)). Ein großer Vorteil von aktiven Transpondern ist, dass der Transponder durch die Batterie eine kapazitätsmäßige größere und gleichmäßige Energiequelle besitzt und somit größere Speicher verwendet werden können. Dadurch lassen sich komplexe und aufwändigere Anwendungen, wie z.b. ein Mikroprozessor mit eigenem Betriebssystem und Applikationen, innerhalb eines Transponder realisieren. Ein Nachteil ist jedoch, dass die Lebenszeit der Batterie begrenzt ist, was eine ebenso begrenzte Lebenszeit für den Transponder bedeutet.

Die **semiaktiven und semipassiven Transponder** besitzen auch eine Batterie, die aber nur zur Versorgung des Datenspeichers dient. Für das Senden und Empfangen wird ebenfalls die Energie aus dem Energiefeld des Lesegerätes genommen.

Die sogenannten **passiven Transponder** besitzen weder eine eigene Energieversorgung, noch einen Sender. Diese Transponder werden hauptsächlich zur Markierung von Objekten eingesetzt. Die Energie wird ausschließlich über das Sendefeld des Lesegerätes bezogen ((vgl. dazu Franke & Dangelmaier (2006, S. 26-27)). Somit wird dieser ausschließlich aktiviert wenn er in den Ansprechbereiches eines Lesegerätes gerät. Befindet er sich außerhalb dieses Bereiches, besitzt er keine Energie und ist inaktiv. Daher können für diese Art von Transponder nur Speicher verwendet werden, die Daten auch ohne eigene Energieversorgung speichern können. Ein Vorteil dieser Systeme ist, dass diese aufgrund ihrer einfachen Bauart sehr kostengünstig produziert und in fast jeglicher Form gefertigt und eingearbeitet werden können. Ein Nachteil ist jedoch, dass diese eine kürzere Reichweite sowie eine geringere Speicherkapazität besitzen.

4 Die Verwendung von RFID im Internet der Dinge und die Akzeptanz von Ubiquituos Computing Anwendungen

4.1 Anwendungsszenario – Intelligenter Kühlschrank

Die Verwendung eines intelligenten Kühlschranks ist ein interessantes Anwendungsszenario, in dem RFID immer mehr von Bedeutung erlangen wird. Aktuell existieren schon smarte Kühlschränke, wie z.B. der Family Hub von Samsung 3499.-€ (vgl. dazu Samsung (2016, o.S.) und Abbildung 6), der folgende Funktionen mit sich bringt.

- Drei Kameras, innerhalb des Kühlschranks, machen automatisierte Fotos sobald die Tür geschlossen wird. Somit kann z.B. via App auf dem Smartphone überprüft werden, welche Lebensmittel sich noch im Kühlschrank befinden.

- Eine digitale Einkaufsliste ermöglicht eine Synchronisation zwischen Kühlschrank und Smartphone.

- Haltbarkeitsdaten (Anzahl Tage) können den im Kühlschrank gelagerten Lebensmitteln per „Drag and Drop" zugewiesen werden, die sich nach Ablauf eines Tages reduzieren und dem Nutzer z.B. per push Nachricht mitteilen, sobald ein Produkt abläuft.

Abbildung 6: Samsung Family Hub (Samsung (2016, o.S.))

Zusätzlich bietet dieser Kühlschrank noch ein integriertes Tablet, das z.B. das Erstellen von Notizen, Sprachnachrichten oder das Darstellen von Rezepten aus dem Internet ermöglicht. Dieses Produkt bietet jetzt schon eine Vielzahl an Möglichkeiten. RFID könnte dieses Produkt jetzt jedoch noch effizienter und smarter machen. Aktuell forscht das Innovative Retail Laboratory an so einem RFID Kühlschrank. Die Grundvoraussetzung für den Einsatz eines RFID Kühlschrankes ist, dass jegliche Produkte mit einem RFID Transponder markiert sind. Dies sollte in der Regel schon bei der Herstellung des Produktes erfolgen und der RFID Transponder müsste ein Bestandteil der Verpackung sein. Beschrieben und ausgelesen werden können diese Produkte dann durch die sich im Kühlschrank befindende RFID Antenne. Neben Produktinformationen und Nährwertinformationen können zusätzlich individuelle Daten, wie z.B. die lückenlose Einbehaltung der Kühlkette oder der zurückgelegte Transportweg, auf den Transpondern gespeichert werden. Dies erfolgt mit Hilfe von RFID Geräten, die die Produkte den kompletten Weg von der Supplychain hin bis zum Kunden überwachen.

In diesem Szenario müsste der Anwender nicht mehr wie bei dem Samsung Family Hub das Haltbarkeitsdatum manuell zuordnen sondern könnte diesen einfach über das Touch Display abrufen, da dieses bei jedem Produkt im RFID Transponder hinterlegt sein könnte. Der Kühlschrank könnte den Anwender zusätzlich über den Touchscreen oder per push Nachricht via Smartphone warnen, wenn z.B. das Haltbarkeitsdatum eines Produktes erreicht wurde oder der Vorrat eines Lebensmittel zuneige geht. Auf einen Blick wird somit der Warenbestand des Kühlschranks angezeigt und bei Entnahme eines Produktes dieser automatisch aktualisiert. Eine weitere Möglichkeit, die der Kühlschrank bieten könnte, wäre z.B. ein individuelles Profil zu erstellen. Dieses könnte Informationen über Vorlieben, Allergien oder Diätpläne enthalten. Der Kühlschrank würde dann aufgrund dieser Informationen Rezeptvorschläge generieren und durch Anzeigen aktueller Prospekte von Supermärkten beim Erstellen eines digitalen Einkaufszettels behilflich sein. Dieser wiederrum könnte dann mit dem Smartphone synchronisiert werden (vgl. dazu Innovative Retail Laboratory (o.J., o.S.)). In dem nachfolgenden Kapitel wird darauf eingegangen ab wann eine neue Technologie von der Gesellschaft akzeptiert wird und wie das Technologie-Akzeptanzmodell (TAM) nach Davis bei dieser Fragestellung hilfreich sein kann.

4.2 Das Technologie-Akzeptanzmodell nach Davis

Das „Technology Acceptance Model" wurde im Jahre 1989 von Davis entwickelt, das speziell in der Informationstechnologie Anwendung findet und bei der Einführung von Technologien am Arbeitsplatz unterstützend wirkt. Grundlagen dieses Modells sind: Arbeiten zur Leistungserwartungen (Robey 1979), die Lerntheorie von Bandura (1977) und die Theorie des geplanten Handelns (Fishbein & Ajzen 1975).

Abbildung 7: Technologie-Akzeptanzmodell nach Davis (1989) in der revidierten Form (TAM 2) (vgl. dazu Beier et al. (2006, S. 146))

Ausgangsvariablen dieses Modells sind die Nützlichkeit (N) und die Benutzerfreundlichkeit (B), die zusammen die Nutzungs-Intention (I) einer Technologie bestimmen. Diese Nutzungs-Intention wiederrum determiniert die tatsächliche Systemnutzung (S) (vgl. dazu Abbildung 7). Grundsätzlich lässt sich sagen, je nützlicher und je bedienerfreundlicher eine Technologie ist, desto positiver ist der Verbraucher der Technologie gegenüber eingestellt. Diese positive Einstellung lässt eine konkrete Nutzungsabsicht entstehen, die ausschlaggebend dafür ist, dass eine Technologie letztendlich auch akzeptiert und genutzt wird.

4.3 Adaptiertes Technologie-Akzeptanzmodell für Ubiquitous Computing Anwendungen

Ubiquitous Computing Anwendungen sind im Verbrauchermarkt weit verbreitet und Alltagstechniken stellen andere Rahmenbedingungen dar als Technologien im Arbeitsumfeld. Daher entwickelten Beier et al. (2006, S. 147) ein erweitertes Technologie-Akzeptanzmodell für Ubiquitous Computing (TAM UC), das jedoch auf das TAM Modell von Davis aufbaut (vgl. dazu Abbildung 8). Entgegen des Modells von Davis, das seinen Fokus auf die Ermittlung der Akzeptanz von Technologien in der Arbeitswelt legt, ermöglicht das TAM UC die Ermittlung der Akzeptanz von Alltagstechnologien, die im privaten Haushalt Anwendung finden. Der intelligente Kühlschrank wäre eine solche Technologie, die auch mittels dieses Modells geprüft wurde und deren Ergebnisse im nachfolgenden Kapitel vorgestellt werden.

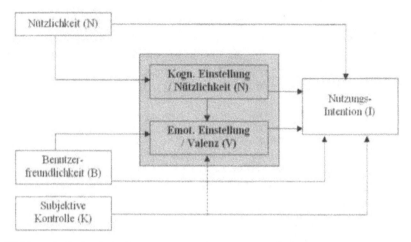

Abbildung 8: Technologie-Akzeptanzmodell für Ubiquitous Computing Anwendungen (vgl. dazu Beier et al. (2006, S. 148))

Weiterhin spielen auch die wahrgenommene Benutzerfreundlichkeit (B) und die Nützlichkeit (N) eine ausschlaggebende Rolle für die kognitive (N) sowie auch emotionale Einstellung (V), die wiederrum die Nutzungsintention (I) auslöst. Ergänzt werden diese zwei Variablen um die Einflussgrößen, subjektive Kontrolle (K) und das Nutzungsrisiko (das Nutzungsrisiko ist nicht im Modell abgebildet). Der eigene Haushalt gilt als eine der vertrautesten Umgebungen eines Menschen, weshalb hier das subjektive Kontrollempfinden gegenüber einer Technologie essentiell wichtig ist. Weiterhin darf durch solch eine Technologie kein Nutzungsrisiko entstehen. Folgendes Beispiel verdeutlicht die Wichtigkeit dieser beiden Einflussgrößen:

Wenn das eigene Türschloss durch ein smartes RFID Hausschloss ausgetauscht wird muss der darunterliegenden Technologie vertraut werden können. Weiterhin muss das Hausschloss dem Nutzer permanent den Zugang zu seiner Wohnung gewähren. Ist das nicht gewährleistet oder treten sonstige Sicherheitslücken (Bsp. Zutritt durch Hacker möglich) bei dieser Technologie auf, entsteht ein Nutzungsrisiko und das subjektive Kontrollempfinden sinkt. Weiterhin ist der Automatisierungsgrad einer Technologie ausschlaggebend für das Kontrollempfinden. Je höher der Automatisierungsgrad, desto mehr führt dies bei einer Technologie zu einem Kontrollverlust (vgl. dazu Beier et al. (2006, S. 150).

4.4 Akzeptanzbewertung von Ubiquitous Computing Anwendungen

Beier et al. (2006, S. 149 ff.) führten eine Onlinebefragung zu der Akzeptanz von Ubiquitous Computing Anwendungen in der Kooperation mit der Wochenzeitung „DIE Zeit" durch (4864 Personen). Parallel dazu wurde die gleiche Studie in Form einer Paper/Pencil Befragung mit einer nach Alter, Geschlecht und Bildungsgrad ausgeglichen Stichprobe in Höhe von 200 Personen durchgeführt. Es wurden folgende vier Szenarien vorgestellt und Fragen dazu gestellt: „Intelligenter Kühlschrank", „Intelligenter Arbeitsplatz", „Automatische Geschwindigkeitsregelung" und „Intelligente PKW-Selbstwartung".

Die Akzeptanz aller Szenarien ist im mittleren Bereich der Skala. Die Technologien werden nicht komplett abgelehnt sind jedoch auch nicht so interessant, dass sie dafür im positiven Bereich der Bewertung liegen würden. Interessant ist, dass die Kontrollüberzeugung (KÜ) ausschlaggebend für die Akzeptanz einer Technologie ist. Das heißt, je höher die Kontrollüberzeugung im Umgang mit der Technik ist desto größer ist die Bereitschaft zur Nutzung der jeweiligen Ubiquitous Computing Anwendung (vgl. dazu Abbildung 9).

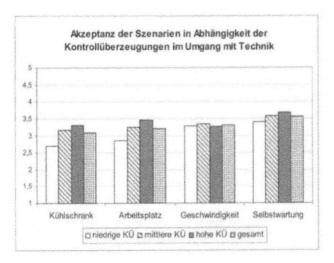

Abbildung 9: Akzeptanzbewertung von Ubiquitous Anwendungen in Abhängigkeit von der Kontrollüberzeugung im Umgang mit der jeweiligen Technologie (max. = 5 | min. = 1) (vgl. dazu Beier et al. (2006, S. 151))

Ferner sind jedoch noch weitere Indikatoren wichtig für die Akzeptanz einer Technologie. Zu den wichtigsten Indikatoren zählen die Anschaffungskosten, der Datenschutz sowie die Sicherheit der Anwendungen. Die Ergebnisse der beiden repräsentativen Studien des Marktforschungsinstitut, Dr. Grieger & Cie (1.017 Teilnehmer in Deutschlang) und der GFK (~1000 Teilnehmer in Deutschland) bestätigen dies. Etwa 42 Prozent sehen die Kosten als größtes Hindernis bei der Anschaffung solcher Produkte. 35 Prozent sehen Probleme bezüglich der Sicherheit der Produkte und haben Angst, dass sie „gehackt" werden könnten (vgl. dazu GFK (2015, o.S.)). Die Inkompatibilität von Geräten unterschiedlicher Hersteller wird als zusätzliches Problem angesehen. Die deutschen Interessenten wünschen sich daher die Steuerung aller Smart Home Anwendungen über eine einzige App (vgl. dazu SmartHome Deutschland (o.J., o.S.)). Dies bestätigten auch die Ergebnisse der GFK Studie, nach der 45 Prozent aller Befragten angab, dass sie alles von einem bestimmten Anbieter erwerben. Schon 30 Prozent aller Befragten (Studie Dr. Grieger & Cie) nutzen Smart Home Anwendungen und 43 Prozent aller Befragten (Studie GFK) sind der Meinung, dass diese Technologien in den kommenden Jahren großen Einfluss auf unser Leben nehmen werden.

5 Fazit

Abschließend lässt sich sagen, dass viele Indikatoren ausschlaggebend sind ob eine Technologie akzeptiert wird. Vermutlich wird sich z.B. Samsung schwer tun, mit dem von ihnen neuen vorgestellten intelligenten Kühlschrank, im Massenmarkt Anklang zu finden, da dieser im oberen Preissegment angesiedelt ist und mehrere Studien gezeigt haben, dass der Preis das größte Hindernis für den Konsumenten ist. Zusätzlich wird es noch lange dauern, bis der erste RFID Kühlschrank für den Massenmarkt vorgestellt werden kann, da zunächst erst einmal jegliche Produkte mit RFID Transpondern versehen werden müssen. Aktuell scheint sich dies für die Hersteller jedoch noch nicht zu lohnen und teilweise dies nur schwer umsetzen ist. Wenn man sich z.B. vorstellt Gemüse mit einem RFID Transponder zu versehen oder einen 15 Cent Joghurt mit einem RFID Transponder zu verknüpfen, lässt sich schnell erkennen, dass es hierbei noch einige Hürden und Herausforderungen gibt.

Smarte Produkte werden in der Zukunft immer mehr von zentraler Bedeutung sein und uns bei unseren alltäglichen Aufgaben unterstützen. Hierbei darf der Datenschutz und die Sicherheit der Technologie jedoch nicht vernachlässigt werden. Wir befinden uns erst am Anfang der digitalen Revolution und daher ist noch abzuwarten, was uns die Zukunft an neuen und spannenden Technologien bringen wird.

Literaturverzeichnis

[Beier et al. 2006] Beier, G., Spieckermann, S., & Rothensee, M. (2006). Die Akzeptanz zukünftiger Ubiquitous Computing Awendungen. In A. M. Herausgeber Heinecke, & P. Hansjürgen, *Mensch & Computer 2006 | Mensch und Computer im StrukturWandel* (S. 145-154). München: Oldenbourg Wissenschaftsverlag GmbH.

[Bitkom 2015] Bitkom. (2015). *bitkom.org*. Abgerufen am 12. 11. 2016 von https://www.bitkom.org/noindex/Publikationen/2015/Leitfaden/LF-Leitlinien-fuer-den-Big-Data-Einsatz/150901-Bitkom-Positionspapier-Big-Data-Leitlinien.pdf

[Brand et al. 2009] Brand, L., Hülser, T., Grimm, V., & Zweck, A. (03 2009). *Verein Deutscher Ingenieure*. Abgerufen am 29. 10. 2016 von www.vdi.de: https://www.vdi.de/fileadmin/vdi_de/redakteur/dps_bilder/TZ/2009/Band%2080_IdD_k omplett.pdf

[Braun 2010] Braun, T. (04 2010). Das Internet der Zukunft. *Informatik-Spektrum Volume 33, Issue 2 | Sonderheft: Future Internet*.

[Finkenzeller 2015] Finkenzeller, K. (2015). *RFID Handbuch | Grundlagen und praktische Anwendungen von Transpondern, kontaktlosen Chipkarten und NFC | 7. Auflage.* München: Carl Hanser Verlag.

[Fleisch & Thiesse 2014] Fleisch, E., & Thiesse, F. (26. 09. 2014). *Enzyklopädie der Wirtschaftsinformatik | Online-Lexikon*. Abgerufen am 29. 10. 2016 von Hrsg.: Norbert Gronau, Jörg Becker, Karl Kurbel, Elmar Sinz, Leena Suhl: http://www.enzyklopaedie-der-wirtschaftsinformatik.de/lexikon/technologien-methoden/Rechnernetz/Internet/Internet-der-Dinge

[Franke & Dangelmaier 2006] Franke, W., & Dangelmaier (Hrsg.), W. (2006). *RFID - Leitfaden für die Logistik | Anwendungsgebiete, Einsatzmöglichkeiten, Integration, Praxisbeispiele.* Wiesbaden: Betriebswirtschaftlicher Verlag Dr. Th.Gabler | GWV Fachverlage GmbH.

[GFK 2015] *GFK.* (11. 11. 2015). Abgerufen am 18. 11. 2016 von http://www.gfk.com/es-mx/insights/press-release/smart-home-fuer-die-mehrheit-der-deutschen-befragten-noch-zu-teuer/

[IDTechEx o.J.] *IDTechEx.* (o.J.). Abgerufen am 30. 10. 2016 von

    http://www.idtechex.com/research/reports/rfid-forecasts-players-and-opportunities-2016-2026-000451.asp?viewopt=showall

[IRL o.J.] *IRL- Innovative Retail Laboratory.* (o.J.). Abgerufen am 17. 11. 2016 von

    http://www.innovative-retail.de/index.php?id=15

[Küveler & Schwoch 2007] Küveler, G., & Schwoch, D. (2007). *Informatik für Ingenieure und Naturwissenschaftler 2 | PC- und Mikrocomputertechnik, Rechnernetze | 5., vollständig überarbeitete und aktualisierte Auflage.* Wiesbaden: Friedr. Vieweg & Sohn Verlag.

[Mattern 2003] Mattern, F. (2003). *Total vernetzt | Szenarien einer informatisierten Welt.* Berlin Heidelberg: Springer-Verlag.

[Samsung o.J.] *Samsung.* (05. 07 2016). Abgerufen am 11. 11. 2016 von

    http://www.samsung.com/de/news/product-/samsung-erfindet-seinen-kuehlschrank-neu

[SmartHome Deutschland o.J.] *SmartHome Initiative Deutschland e.V.* (o.J.). Abgerufen am 18. 11. 2016 von Smarthome-deutschland.de: http://www.smarthome-deutschland.de/aktuelles/studien/detail/aktuelle-studie-2016-endkundenbefragung-smart-home.html

[Tamm & Tribowski 2010] Tamm, G., & Tribowski, C. (2010). *RFID.* Berlin Heidelberg: Springer-Verlag.

[Weigert 2006] Weigert, S. (2006). *Radio Frequency Identification (RFID) in der Automobilindustrie | Chancen, Risiken und Nutzenpotenziale.* Wiesbaden: Deutsche Universitäts-Verlag | GWF Fachverlage GmbH .